08/20

0, 80

D1666737

Bunte Fleckenlieder

Tanz-, Spiel- und Erzähllieder von Matthias Gö

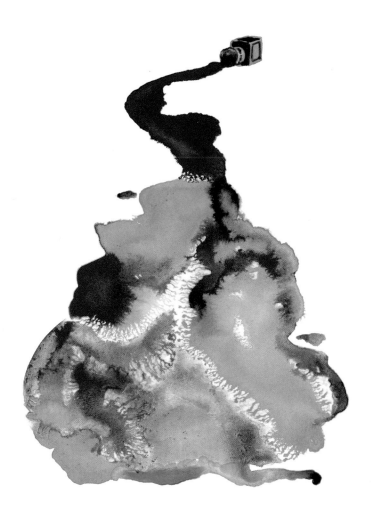

Patmos
—— *edition schwann*

Als ich noch ein kleiner Junge war

schaute ich beim Einschlafen immer auf einen
großen, blassen Fleck an der Zimmerdecke.
Irgendwann einmal hatte es da hereingeregnet.
Der Fleck sah jeden Tag anders aus.
Einmal wie ein komisches Haus, ein andermal
wie ein böser Drachen oder eine Lokomotive ...
Ich hatte nie Langeweile im Bett, auch wenn ich
mal nicht einschlafen konnte – oder wollte.
Und deshalb gab ich mir damals selbst ein
Versprechen: »Wenn ich mal groß bin, male ich
ein buntes Flecken-Buch und erzähle darin, was
ich in den Flecken sehe!«
Heute löse ich dieses Versprechen ein.
Hier ist es: Das bunte Fleckenlieder-Buch.
Schaut es euch an und singt die Lieder mit.
Und wenn die Flecken darin nicht reichen,
sucht euch neue.
Die ganze Welt ist ein bunter Fleck!

Buntes Fleckenlied

Text: Gö
Komp.: Gö/Suschke

1. Das Haus reißt aus, heut hat es Lust, was Neu-es an-zu-seh-en, es

reckt und streckt sich, aus der Wand

wach - sen die Füß zum Geh - en.

Da läuft es hin, die Bäu - me schaun

und sa-gen zu-ein-an-der: »Das wür-den wir uns nie-mals traun!«

und blei - ben e - wig steh - en. 2. Der

Tap, tap – tap, tap.

4

2. Der Herbstmann schnauft.
   Heut hat er Lust,
   hoch in die Luft zu fliegen.
   Die bunten Blätter wirbeln wild,
   denn alle will er kriegen.
   Da fliegt er hin!
   Die Steine schaun
   und sagen zueinander:
   Das würden wir uns niemals traun…
   Und bleiben ewig liegen.

   Hui, hui – hui, hui.

3. Das Drachenbaby
   brüllt im Nest:
   »Ich werde Drachenkaiser!
   Ich bin das stärkste Drachenkind,
   hört her«, schreit es sich heiser.
   Da tobt es hin!
   Die Zwerge schaun
   und sagen zueinander:
   Das würden wir uns niemals traun…
   Und bleiben einfach leiser.

   Psst, psst – psst, psst.

Schweinejunge Jubeljung

Text: Gö
Komp.: Gö/Suschke

Schweinejunge Jubeljung träumte in der Nacht,
daß er aus sich ZING und ZONG etwas ganz Besonderes gemacht.
Als er fertig war mit Träumen ist er gleich zur Zeitung hingelaufen:
»Ich hab hier meinen Traum aufgeschrieben!«
»Junger Freund geh heim, wer soll das kaufen?«

Da beschloß Schweinejunge Jubeljung, eine eigene Zeitung zu gründen. In seiner Zeitung sollten nur Träume stehen, zuerst natürlich seine Träume.
Die Nummer 1 der Zeitung, die natürlich »Der Schweinejunge« hieß, erschien. Unter dem großen Titel:» ... geträumt« veröffentlichte Jubeljung seine drei jüngsten tollen Träume.
Da er aber nur in seiner Schweinesprache erzählen und schreiben konnte, klangen die Traumgeschichten so:

1. Grunz - li, grunz - li mumpf - li schnock,
mampf-li, mop-mop, Möh-re. Grunz - li, granz - li rüb - li - stock,
o - li - ga - ri göh - re. Hei - del - knoll ob Hei - del boll,
Rie - si - ba - mi - dent, ich wahl - ur - ni schwei - ni toll,
Grunz - li - prä - si - dent!

2. Platsch o plombo, patsch o weh,
sauo, matzi, schnergel.
sumpfo zähzah, zong olé,
süßo mini ferkel.
Windowisch oi widuweich,
laues warmes wind.
Ich filizi engligleich
Ferklibabykind!

3. Schul o weh so schweinischwer,
muffel, büffel, brummi.
Grunzli, grunzli, rübli leer,
Schweino heino dummi.
Halohe hei halohell,
druck und ruck und feste.
Ich o Jubeljung so schnell,
Schweinejungebeste!

Der eine ist so und die andre ist so

Text: Gö
Komp.: Gö/Suschke

1. Es war ein- mal ein Mann mit ei-ner Zip-fel-müt-z mit Zip-fel oh-ne Ende. An-son-sten war er wun-der-schön. Schön war sein Bart, schön war die Nas, nicht ganz so schön die Hän-de. Die Zip-fel-müt-ze trug er stets, weil er so gern ver-schlief. Am lieb-sten schnarch-te er im Bett, wenn je-mand nach ihm rief. Ref.: Der ei-ne ist so, und die and-re ist so. Wich-tig ist nur, je-der

E^7 am   G

ist da - mit froh! Lan - ger Hals, kur - zes Bein, Zip - fel -

C   dm   E   am

mütz, schwar - zer Hut; wich - tig ist nur, al - le

$F^{maj\,7}$ E^{5+} am

füh - len sich gut!   2. Es war ein -

2. Es war einmal 'ne Frau
Mit einem schrecklich langen Hals,
mit Hals fast ohne Ende.
Ansonsten war sie wunderschön.
Schön das Gesicht, schön ihre Nas.
Nicht ganz so schön die Hände.
Der Hals war ihr gewachsen,
weil sie so gern am Fenster stand.
Neugierig reckte sie sich raus,
so blieb ihr fast nichts unbekannt.

Tja: Der eine ist so…

3. Es waren einmal Frau und Mann
mit Hals und Mütze, fast so lang,
daß man kaum sah das Ende.
Die Frau erzählte von der Welt.
Der Mann, der schlief für zwei im Bett.
Sie gaben sich die Hände:
»Du Mann«, sprach sie, »schläfst für mich mit.«
»Du Frau«, sprach er, »schaust für mich aus.«
»Was kann uns besseres geschehn?
's ist wirklich schön bei uns zu Haus!«

Denn: Der eine ist so…

Der kleine Prinz ist traurig

Text: Gö
Kom.: Suschke

1. Der klei-ne Prinz ist trau - rig, sein Herz, das lacht nicht mehr. Sein Kopf liegt auf dem Kis - sen wie Fels-ge - stein so schwer. Die Ar-me hän-gen mü - de, die Au-gen hält er zu.

Wa- rum ist er so trau - rig, wa - rum, viel -leicht weißt du's...

Kann sein ein gro - ßer Pud - ding, der

fiel ihm aus der Hand, der Tep - pich war voll Schmie - re, er

wur- de »Depp« ge- nannt. Doch nein, das ist kein Un - glück, bringt

nie - mand aus der Ruh, wa - rum ist er so trau - rig, viel -

leicht weißt du's?   2. Kann   4. Der

3. Kann sein, er hat gerade
   was Schmerzliches erlebt.
   Beim großen Spielplatz hat ihm
   ein Kerl eine geklebt.
   Doch nein, das sind nur Schmerzen,
   die gehen weg im Nu.
   Warum ist er so traurig?
   Warum? Vielleicht weißt du's?

4. Kann sein, die Mutter hat ihm
   nicht gute Nacht gesagt.
   Der Vater hat nicht einmal
   mehr nach dem Tag gefragt.

Der kleine Prinz muß weinen.
Die Zimmertür flog zu.
Darum ist er so traurig
Darum! Vielleicht wie du …

5. Der kleine Prinz ist traurig,
   sein Herz, das lacht nicht mehr.
   Sein Kopf liegt auf dem Kissen
   wie Felsgestein so schwer
   Die Arme hängen müde,
   die Augen hält er zu.
   Vielleicht hört ihm am Morgen
   doch wieder jemand zu …

11

Komm ins Theater

Text: Gö
Kom.: Gö/Suschke

Ref.: Komm ins The - a - ter, im The - a - ter

gibt es was. Komm ins The - a - ter, zu Trä - nen, Freu - de,

Angst und Spaß. Komm ins The - a - ter, al- les was die Er- de hat, das

fin - det heu - te für dich im The - a - ter statt! 1. Riechst du den

Duft, wenn der Vor- hang aus- ein - an - der- schnurrt? Kennst du die
Brun - nen, aus dem ein nas- ser Frosch auf - steigt? Kennst du das

Angst, wenn ein Hund in den Ku - lis - sen knurrt? Schau hin, die
Dach, auf dem ein Mu - si - kant leis geigt? Wein bit - te

Lich - ter zau - bern ei - nen Re - gen - bo - gen. Frag dich:
mit, wenn der Freund sich von der Freun- din trennt. Lach dich ka -

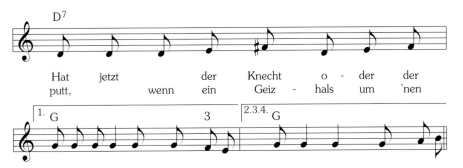

Hat	jetzt		der	Knecht	o -	der	der
putt,		wenn	ein	Geiz -	hals	um	'nen

Kö-nig ge-lo-gen? 2. Kennst du den

Ref.: Komm ins Theater…

Gro-schen flennt! Ref.: Komm ins The-

3. Und wenn du zittern mußt, weil's auf der Bühne kracht,
kommt bald ein Lied, worüber fast ein jeder lacht.
Und wenn du dich verliebst, schau mal genauer hin:
Auch der Prinz hat unterm Puder einen Pickel am Kinn…

Ref.: Komm ins Theater…

4. Hast du genug gesessen, geh doch selbst mal rauf,
steig auf die Bühne und ruf: Ich führ jetzt was auf.
Ich bin jetzt König oder Knecht, Bäcker oder Präsident.
Hergeschaut, ich spiel Theater. Wehe dem, der dabei pennt!

Ref.: Ich spiel Theater, im Theater gibt es was.
Ich spiel Theater mit Tränen, Freude, Angst und Spaß
Ich spiel Theater, alles was die Erde hat,
das findet heute bei mir im Theater statt!

Mein Schatten

Text: Gö
Komp.: Gö/Suschke

1. Mein Schat-ten liebt mich schein-bar sehr, er läuft mir im-mer hin-ter-her. Er schlän-gelt sich mit mir durchs Gras, er schlen-dert mit mir auf der Straß. Er schleicht ver-stoh-len hin-ter mir, er schlüpft mit mir durch je-de Tür. Er ist bei mir an je-dem Ort, nur wenn es Nacht wird, ist er fort.

Ref.: Ach, ich bin in dunk-ler Nacht, um den be-sten Freund ge-bracht! Wer hilft mir, ich bin al-lein, wer will mal mein Schat-ten sein? 2. Mein

14

2. Mein Schatten liebt mich scheinbar sehr,
   er läuft mir immer hinterher.
   Er stupst mit langer Nas nach mir,
   er spreizt sich wie ein Drachentier.
   Er stochert überall im Laub,
   er wirft sich vor mir in den Staub,
   ist wie ein Hund bei mir zu Haus.
   Nur wenn es Nacht wird, reißt er aus.

   Ref.: Ach, ich bin in dunkler…

3. Mein Schatten liebt mich scheinbar sehr,
   er läuft mir immer hinterher.
   Er schaukelt, wenn ich lustig bin,
   er schämt sich, falle ich mal hin.
   Er schlottert, wenn Gespenster sich
   in ihn verlieben, nicht in mich.
   Mein Schatten liebt das Dunkel nicht
   er liebt nur mich und helles Licht.

   Ref.: Ach, ich bin im Sonnenschein
         mit dem Schatten nie allein.
         Aber für die schwarze Nacht
         suche ich noch jemand,
         der mich glücklich macht…

15

Blauer Finger

Text: Gö
Komp. frei nach: Weißt du, wieviel Sternlein stehen

Ref.: 1.Seit du dir 'nen blau-en Fin - ger schlugst beim An - na - geln der Lat - te, hab ich dich noch viel, viel mehr lieb, als ich dich schon vor-her hat-te. Und ich wer-de dir jetzt so rich - tig zei-gen, was ich al-les für dich kann! Sag mir, was ist dir jetzt wich - tig, gleich fang ich zu hel - fen an: 2. Hol mir den

2. Hol mir den Schlüssel aus der Tasche.
   Ich hol den Schlüssel aus der Tasche.
   Zieh mir den Gürtel aus der Lasche.
   Ich zieh den Gürtel aus der Lasche.
   Angel das Bonbon aus der Dose.
   Ich krieg das Bonbon aus der Dose.
   Ein Knopf steht offen an der Hose.
   Ich knöpf den Knopf zu an der Hose.

3. Bind mir das Tuch um meinen Hals.
   Ich bind das Tuch um deinen Hals.
   Schmier mir das Pausenbrot mit Schmalz.
   Ich schmier das Pausenbrot mit Schmalz.
   Zieh mir den Schnürsenkel fest am Schuh.
   Ich zieh den Schnürsenkel fest am Schuh.
   Die Haustür ist nicht richtig zu.
   Ich schließ die Haustür richtig zu.

4. Hol mir die Post aus dem Kasten.
   Ich hol die Post aus dem Kasten.
   Drück am Klavier für mich die Tasten.
   Ich drück für dich gern Klaviertasten.
   Zünd mir mit Streichholz an das Licht.
   Verbrenn ich mich dabei nicht?
   Beim Autofahren halt das Steuer.
   Hilfe! Nein, das wird zu teuer!

   Ref.: Seit du dir 'nen blauen Finger
   schlugst beim Annageln der Latte,
   hab ich dich noch viel viel mehr lieb,
   als ich dich schon vorher hatte.
   Doch ich weiß, der Schmerz wird enden,
   gibt es, wenn der blaue Fleck gesund,
   für das Helfen mit den Händen
   ganz bestimmt 'nen neuen Grund.

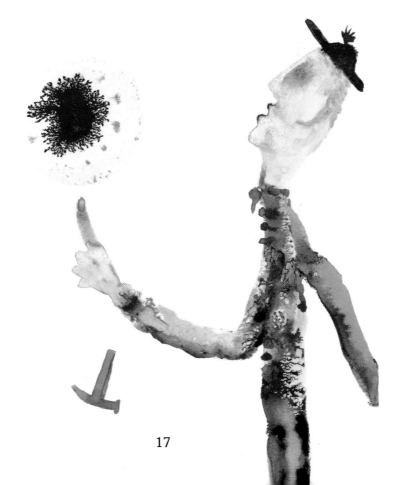

Schau, ein Stern

Text: Gö
Komp.: Gö/Suschke

Ref.: Schau schau, schau, schau, schau, schau, schau…

Schau, ein Stern geht ganz al - lein, klei - ner
als dein Le - ber - fleck, ü - bern Him - mel, rie - sen - groß,
und am Mor - gen ist er weg. Wer kann sei - nen Na - men
nen - nen o - der sein Ge - heim - nis ken - nen? Wer weiß, wie es
ihm grad geht, wenn er da am Him - mel steht?

Ref.: Schau, schau, schau!

2. Schau, ein Mond geht ganz alleine,
kleiner als die Hauslaterne,
übern Himmel, riesengroß,
leuchtet traurig aus der Ferne.
Wer kann seine Wangen küssen
oder einfach mit den Füßen
zu ihm laufen durch die Luft,
wenn er da am Himmel ruft?

Ref.: Schau, schau, schau!

18

3. Schau mal in dein eignes Fenster:
   hinterm Vorhang, da sitzt du.
   Du sollst schlafen, doch du schaust noch
   Mond und Sternen heimlich zu.
   Wer kann deinen Namen nennen
   oder dein Geheimnis kennen?
   Wer weiß, wie es dir grad geht?
   Mama, Papa wissen's gut...
   Geh jetzt schlafen, 's ist schon spät.

   Ref.: Schau, schau, schau!

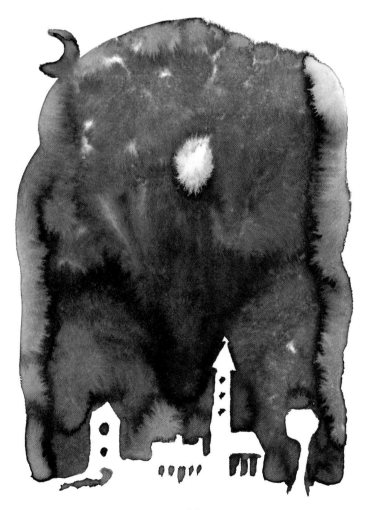

Prinz und Prinzessin Klecks

Text: Gö
Komp.: Gö/Suschke

Ref.: Prinz und Prin - zes - sin Klecks, die

lie- fen einst zu- sam- men, wie Mal- far- be im Nas- sen.

Da wur - den sie ein schö - ner Klecks, mal

zart, mal bunt, und lieb- ten sich und konn- ten's nie mehr las- sen. Hört,

was es, wenn man sich ver- liebt, den gan- zen Tag zu sa- gen gibt!

Prinz: *Prinzessin:*
1. »Wie du schaust, macht mich froh!« »Mir geht es e - ben -

Prinz: *Prinzessin:*
so!« »Wie du lachst, ist so nett!« »Wie du sprichst, ist ad -

Prinz: *Prinzessin:*
rett!« »Dei- ne Nas mich ent - zückt!« »Wie du schnarchst, ist ver -

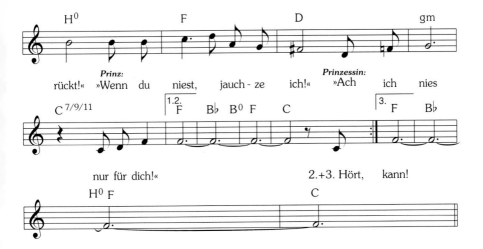

rückt!« »Wenn du niest, jauch - ze ich!« »Ach ich nies

nur für dich!« 2.+3. Hört, kann!

2. Hört, was es, wenn man sich verliebt
   Den ganzen Tag zu sagen gibt:

   Prinz: Wenn ich spring übern Bach,
   Prinzessin: springe ich dir gleich nach.
   Prinz: Wenn ich gähne im Bett,
   Prinzessin: finde ich das furchtbar nett.
   Prinz: Wenn ich kratze am Kopf,
   Prinzessin: kämme ich dir den Schopf.
   Prinz: Wenn ich knacke 'ne Nuß,
   Prinzessin: geb ich dir einen Kuß.

3. Hört, was es, wenn man sich verliebt
   Den ganzen Tag zu sagen gibt:

   Prinzessin: Pflanz ich Blumen im Mai,
   trägst du Wasser herbei.
   Prinz: Wenn du kochst einen Brei,
   blas ich dazu Schalmei.
   Prinzessin: Schau ich nachts in den Mond,
   schaust du mit wie gewohnt.
   Prinz: Wenn du einschläfst, ja dann
   ich auch einschlafen kann.

   Ref.: Prinz und Prinzessin…

Stehen auf dem Kopf

Text: Gö
Komp.: Gö/Suschke

Ref.: Ich steh auf dem Kopf, und du stehst ne - ben mir.

Ich seh nur die Schuh von dir, und du siehst nur die Schuh von mir.

Hil - fe!! Ist das lang - wei - lig, im - mer nur die Schuh zu sehn!

Ref.: Ich steh auf dem...

Ref.: Ich steh auf dem...

2. Der Zug fliegt mit dem Wind,
   die Pfeife raucht das Kind.
   Opa ißt Babybrei,
   der Dieb rennt zur Polizei.
   In der Hütte bellt der Hahn
   der Ruderkahn fährt Autobahn.
   Die Wespe streichelt sanft das Kind,
   und in die Backe sticht der Wind.

3. Der Himmel ist aus Stein,
   das Meer ist voller Wein.
   Die Erde ist aus Glas,
   die Wüste ist klatschnaß.
   Der Hammer schlägt die zwölfte Stund,
   die Uhr schlägt einen Nagel rund.
   Der Ofen macht die Wäsche weiß,
   der Kühlschrank macht die Suppe heiß.

Ref.: Ich steh auf dem...

Im Wald

Text: Gö
Komp.: Gö/Suschke

1. Grü - ne Blät - ter, grü - ne Spi - tzen, grü - ne Ä - ste.

Grü - ne Grä - ser und ein grü - nes biß - chen Moos.

Auf den grü - nen Bäu - men sind die Vö - gel Gä - ste.

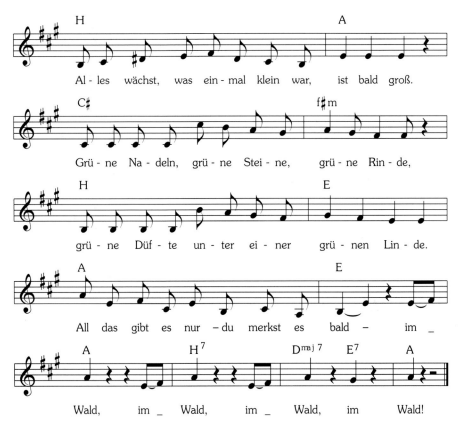

H   **A**

Al - les wächst, was ein - mal klein war, ist bald groß.

C♯   **f♯m**

Grü - ne Na - deln, grü - ne Stei - ne, grü - ne Rin - de,

H   **E**

grü - ne Düf - te un - ter ei - ner grü - nen Lin - de.

A   **E**

All das gibt es nur – du merkst es bald – im _

A   **H⁷**   **Dmaj 7**   **E⁷**   **A**

Wald, im _ Wald, im _ Wald, im Wald!

2. Stille Wiesen, stille Winkel, stille Ecken,
stille Tiere und ein kleiner brauner Has
will sich hinter einem Haselbusch verstecken,
wo gerade noch der Förster Frühstück aß.
Stille Wand'rer und im Sommer blaue Beeren,
brauchst dich nur zu bücken und kannst sie verzehren.
All das gibt es nur, du merkst es bald,
im Wald, im Wald, im Wald, im Wald.

3. Schwarze Wolken, schwarze Stämme, schwarze Raben,
schwarzer Himmel und ein runder weißer Mond.
Alle Leute, die vor Dunkelheit Angst haben,
sagen, so was Dunkles sind wir nicht gewohnt.
Schwarze Nacht und zwischen Bäumen nur die Sterne,
und das Pfeifen einer Eisenbahn ganz ferne.
All das gibt es nur, du weißt es bald,
im Wald, im Wald, im Wald, im Wald.

Würfellied

Text: Gö
Komp.: Suschke

Ref.: Sechs, fünf, vier, drei, zwei und eins, hast du Glück o- der hast du keins?

Wenn der Wür - fel fällt, ja dann fängt die er - ste Run - de an!

1. Ei- ne Sechs ist je - dem recht, ei- ne Fünf ist auch nicht schlecht,

ei - ne Vier, die tut noch gut, Drei ein biß - chen är - gern tut.

Ei - ne Zwei ver - klek - kert sich, ei - ne Eins ist är - ger - lich.

Doch manch - mal, da nützt die Sechs gar nichts, es ist wie ver - hext!

Ref.: Sechs, fünf, vier, drei...
...fängt die dritte Runde an!

Ref.: Sechs, fünf, vier, drei…
…fängt die zweite Runde an!

2. Eine ⚁, die wäre jetzt
   wünschenswert und kommt zuletzt.
   Eine ⚁ wär auch nicht schlecht,
   und die ⚀ kommt jetzt sehr recht.
   Eine ⚁ muß ich jetzt kriegen,
   nein, die ⚁ muß oben liegen.
   Ach, mir ist es jetzt egal
   Ich freu mich auf jede Zahl!

Ref.: Sechs, fünf, vier, drei…
…fängt die vierte Runde an!

3. Mist, mir fehlt jetzt eine ⚃,
   eine ⚁, die hülfe mir.
   Auf die ⚅ wart ich schon lang –
   vor der ⚅ ist mir grad bang.
   Kann ich jetzt die ⚂ bekommen,
   wird dir ein Stein abgenommen.
   Aber wehe, ich krieg ⚃,
   Warte nur, dann zeig ich's dir!

Ref.: Sechs, fünf, vier, drei…
…fängt die nächste Runde an!

4. Und nimmst du der Würfel zwei,
   ist noch vielmehr Spaß dabei.
   ⚀ und ⚅ ergeben sieben,
   ⚁ und ⚁ sind ⚃ geblieben.
   ⚁ und ⚁ ergeben acht,
   ⚀ und ⚁ hat ⚃ gemacht.
   Und wer gut verlieren kann,
   fängt das nächste Spielchen an!

Die Erde ist ein bunter Fleck

Text: Gö
Komp.: Suschke

Ref.: Die Er - de ist ein bun - ter Fleck, ein
klei - nes Äp - fel - chen am gro - ßen Him - mels - baum. Ge -
schmückt mit ei - nem grü - nen Blatt, träumt sie im Son - nen -
licht gern ih - ren Lieb - lings - traum. Doch Vor - sicht: Di - cke Wür - mer
fres - sen gern grü - ne Blät - ter un - ge - niert. Als
Er - den - kind darfst du nie - mals ver - ges - sen, gut
auf - zu - pas - sen, daß der Er - de nie et - was pas - siert!

1. Sonst gäb es kei - ne Blu - men, kei - nen Schnee, kein
2. Du

Vo-gel - zwi-tschern und kein Gras, es gäb we-der La-chen o-der

Wei-nen, es gäb kei-nen Zorn und kei - nen Spaß. Es gäb nicht

mal, wie be - dau - er - lich, Ma - ma, Pa-pa und vor al - lem

dich... Ref.: Die könn-test nie mehr auf der Schau - kel schwe-ben, du

flögst viel - leicht mit Licht- ge - schwin - dig - keit, oh - ne da - bei das

En- de zu er - le - ben, zu ei - nem Stern in die Un - end - lich - keit. Es

gäb kei - ne Wie-se, um zu lau-fen, es gä - be nicht mal, wie be -

dau - er - lich, den Eis-mann, um ein gro-ßes Eis zu kau - fen,

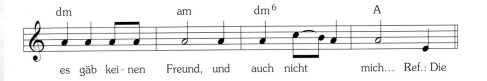

es gäb kei-nen Freund, und auch nicht mich... Ref.: Die

Ref.: Die Erde ist …

3. Und fragst du, was in ihren Träumen
die bunte Erde träumt im Sonnenlicht?
Sie träumt bestimmt nur gute Sachen.
Genau weiß das wohl niemand, auch ich nicht.
Ich weiß nur, du und deine guten Freunde,
ihr habt auch Lieblingsträume in der Nacht.
Vergeßt sie nicht, denkt oft daran am Tage –
so wird aus Träumen Wirklichkeit gemacht.

Ref.: Die Erde ist …

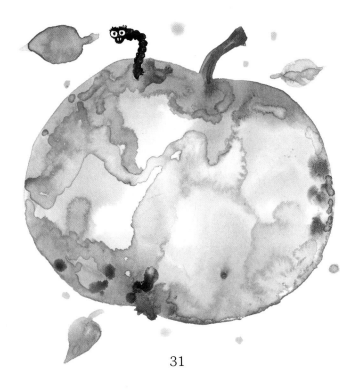

Inhalt

**Zu diesem Buch gibt es die gleichnamige Liedercassette,
erschienen in der Reihe »pläne Kinder MC«**
im Patmos Verlag
Best.-Nr.: MC 8745

© 1992 Patmos Verlag, Düsseldorf
Alle Rechte vorbehalten, auch auszugsweise.
1. Auflage 1992
Reproduktionen: Scan-Technic, Vreden
Notensatz/Satz: PPP PrePrint Partner GmbH, Bonn
Druck und Verarbeitung: Boss-Druck, Kleve
ISBN 3-491-37255-0